总主编　吕文清　王亚苹

创意美劳拓展课程

本册编写　张亚宁

北京邮电大学出版社
www. buptpress. com

图书在版编目（CIP）数据

创意美劳. 2，拓展课程 / 吕文清，王亚苹主编. -- 北京：北京邮电大学出版社，2014.6（2020.7 重印）

ISBN 978-7-5635-4021-1

Ⅰ. ①创… Ⅱ. ①吕… ②王… Ⅲ. ①劳动课-小学-教材 ②美术课-小学-教材

Ⅳ. ①G624.61 ②G624.751

中国版本图书馆CIP数据核字（2014）第131911号

书名：创意美劳拓展课程

著作责任者：吕文清 王亚苹

责任编辑：王丹丹

出版发行：北京邮电大学出版社

社址：北京市海淀区西土城路10号（邮编：100876）

发行部：电话：010-62282185 传真：010-62283578

E-mail：publish@bupt.edu.cn

经销：各地新华书店

印刷：北京一鑫印务有限责任公司

开本：787mm × 1092mm 1/16

印张：4.75

字数：59千字

版次：2014年6月第1版 2020年7月第3次印刷

ISBN 978-7-5635-4021-1 本套定价：52.00元 本册定价：16.00元

· 如有印装质量问题，请与北京邮电大学出版社发行部联系 ·

编委会

让创新成为可能

为了探索创新人才早期培养的路径、方法和策略，在课程设置和实际教学中引导创意、鼓励创新、推崇创造，着力培养学生创意智慧、创新思维和学习力、想象力、探究力、创造力，全国教育科学"十一五"规划2009年度教育部重点课题《未成年人校外教育基地标准与创新人才培养模式的实践研究》总课题组和北京市海淀区巨山小学、西山小学、北辛庄小学等合作，在北京大学、清华大学、中国科技馆、中央民族大学、中科院科学传播中心、国家纳米中心等单位支持下开发了"创意创新创造"系列特色课程。

本系列课程秉持"创以求真、创以养善、创以立美"原则，始终贯穿"创意+创新+创造"和"求真、养善、立美"文化精神，努力打造"科技+艺术+人文"整合性课程体系，构建"实践+探究+体验+感悟"教学形态，致力于提升青少年体验、鉴赏、品味、探索、创造等能力，让学校创意火花四溅，点亮孩子的心光，用以开启未来创新之路。

本系列课程包括"创意语言、绽放思维"，"创意美劳、滋养身心"，"创意数理、开发心智"，"创意表演、精彩人生"，"创新设计、拓展素质"，"创新工场、提升能力"，"创造发明、体验成功"，"创造生活、丰富精神"，"文化传承、敢于担当"，"优雅行为、快乐成长"等10个主题、24个模块与科目，目标是让校本课程更加科学而富有活力，并形成体系。

1. "创意语言、绽放思维"板块：《智慧双语》，低、中、高年级3册。内容包括中英文对照的文化经典、诗词歌赋、著名演说、人文地理、动物世界、植物探秘、人际交往、心灵鸡汤等。

2. "创意美劳、滋养身心"板块：《创意美劳》，低、中、高年级3册。内容以小制作为主，以"创意+美育+劳技"为目标，六年普及24项修养性技能。具体项目包括剪纸、折纸、沙画、叶画、贴画、布艺、面塑、彩陶、扇面、篆刻、纸雕、木雕、插花、贺卡制作、糕点制作、宠物管理、花草养护、垃圾分解、香皂制作、洗发露制作、文具制作、变废为宝等。

3. "创意数理，开发心智"板块：《创意数理》，低、中、高年级3册。内容以探究身边生活、生产、生命中的趣味问题为主，整个体系包括24个经典项目，采用探究学习方式，渗透梳理思维、知识和解决能力培养。与数学、科学国家课程相融通，目标兼具开发心智、知识拓展和智力游戏功能。

4. "创意表演、精彩人生"板块：《创意表演》，低、中、高年级3册。内容关注青少年的艺术感受力和生活理解力，丰富学习力、想象力、探究力、创造力。内容以人与自然、人与社会、人与自我为主线，以动物、植物和人类为形象，以话剧、歌剧、舞剧、情景剧、音乐剧、课本剧为形式，目标是让每个孩子都有表演表现表达的空间和发现美、欣赏美、创造美的人文素养。

5. “创新设计、拓展素质”板块：《创新设计》，中、高年级2册。内容以创新路径探究和创新能力培养为主，落实“创新思维—让理想走近”和“创以求真，创以养善，创以立美”原则。科技与人文、美育有机融通，双语教学。内容根据社会教育资源，包括园艺设计、景观设计、室内设计、建筑设计、工程设计、家居设计、徽标设计、图书设计、服装设计等，实现方式以观摩、体验、实践为主。

6. “创新工场、提升能力”板块：《创新工场》，中、高年级2册。内容对接科技教育，引进一些科技项目、竞赛内容，参与国际交流、创新设计、世界创造力大会等高端活动。

7. “创造发明、体验成功”板块：《创造发明》，中、高年级2册。内容以技术发明为主，满足学生个性需求，主要以社团形式组织，兼具服务于国内外各类创意创新赛事和活动，提高学校影响力。

8. “创造生活、丰富精神”板块：《创造未来》，中、高年级2册。内容以科学发现和实验探究为主，满足学生个性需求，主要以社团形式组织，兼具服务于国内外各类创意创新赛事和活动，提高学校影响力。

9. “文化传承，敢于担当”板块：《民族记忆》，中、高年级2册。内容以非物质文化遗产项目为主，选择民族技艺中经典项目进行教学化开发，延展学校原有特色，传承民族文化，创新和发展民族技艺，理解民族精神和人格。学习16个绝活，内容包括扎染、风筝、皮影、脸谱、面塑、文房四宝制作、内画、民族服饰、乐器制作等。

10. “优雅行为，快乐成长”：《创意生活》，1册。作为学校文化、实践活动参考纲目和手册，包括节日、庆典、礼仪、交往、行为规范、学生守则、日常用语、创意游戏等，把双语应用到日常活动、管理、对话和操作规范之中，凸显语言智慧和创意文化。

本系列课程由课程专家、技艺专家、一线教师和青少年代表共同开发，兼具资源开发、专业研修和操作实验功效，并协调典型的社会教育资源单位参与，兼以构建创新实践基地、专业力量支持系统、志愿服务机制和新的教学模式。全套课程集中在海淀的部分学校进行实验，并创建“创意·创新·创造”教育实验基地，打造中国儿童创新工场和实验园区。

中小学生创意创新创造课程开发研究组
2013年12月

目录

第一单元 叶画工艺

第二单元 纸画工艺

第三单元 活性炭布艺

第四单元 毛线编织

第五单元 窗花工艺

第六单元 蛋壳画工艺

第七单元 丝网花工艺

第八单元 烙画工艺

第一单元

叶画工艺

春的鹅黄，

夏的翠绿，

秋的绚烂，

冬的素寂。

叶画，美好的记忆。

1 学做叶画

创意初现

黄叶飘飘随风舞，拈起一片金黄的银杏叶，脑海中浮现的是天鹅女婆娑的裙，耳边响起的是柴可夫斯基的《四小天鹅》舞曲。能否把这段美妙心情固化成永久记忆？让我们用五彩叶片画出我们心中的美好吧！

创意总动员

1. 叶画制作的步骤和方法是什么？
2. 应该收集什么样的叶片呢？
3. 如何把叶片压平压干呢？
4. 怎样设计出巧妙的构图呢？
5. 应该怎样粘贴叶片呢？

创作连连看

1. 设计好图案。
2. 动手做叶画。

合作者	分工做

经过精心设计及辛苦制作之后，叶画终于制作成功了！

请同学们看看下面的记录，来评价自己的作品吧！

我的叶画记录			
树叶种类是否超过三种？	好	较好	一般
树叶是否压制好？	好	较好	一般
画面是否整洁？	好	较好	一般
构图是否有创意？	好	较好	一般
叶片粘贴是否完好平整？	好	较好	一般

锦囊袋

要准备的材料：

白纸板

各种叶片

需要的工具：

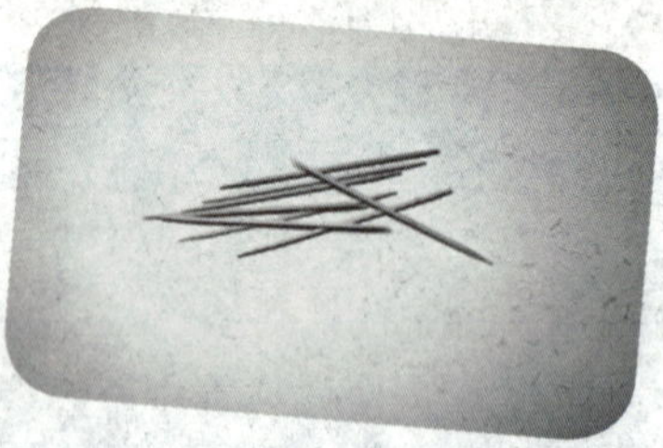

牙签

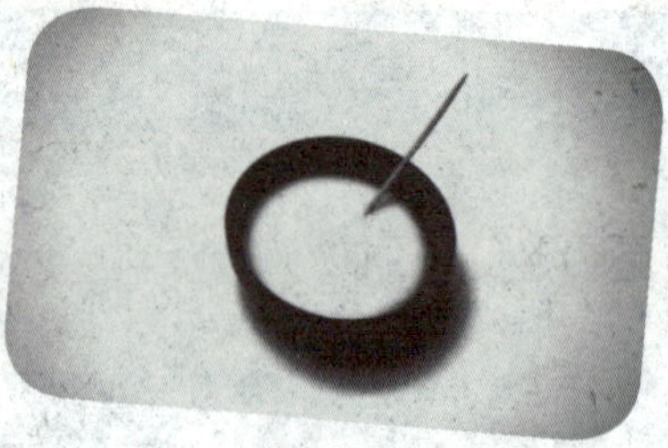

乳胶

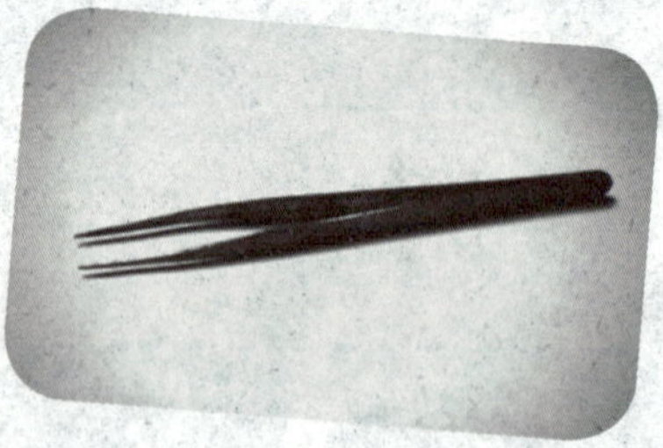

镊子

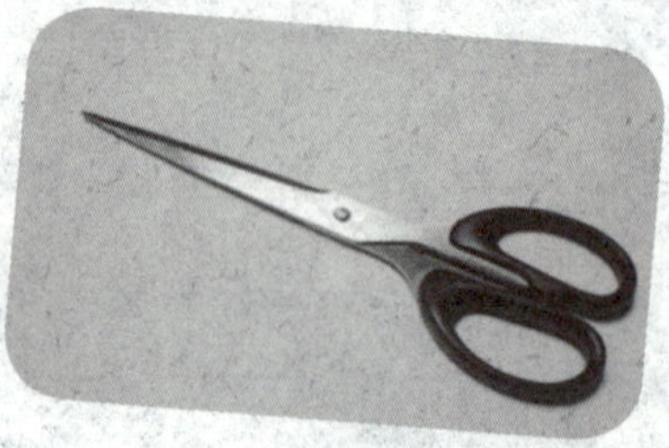

剪刀

叶画的制作过程：

1．把树叶放在台纸上，摆一摆进行构图。

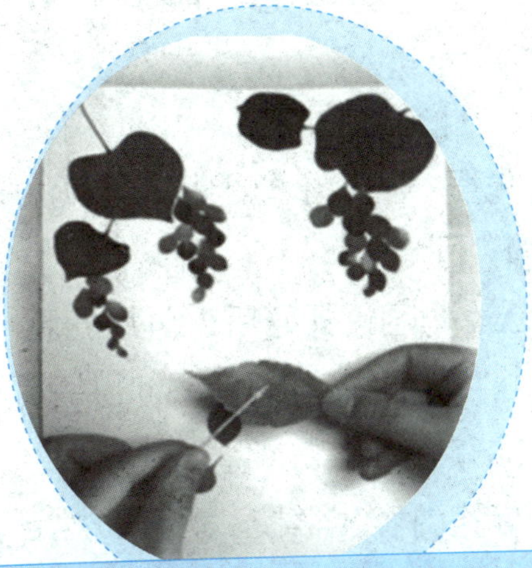

2．用牙签在叶片背面抹一层薄薄的乳胶，一片一片地粘贴。

3．每粘好一部分，用纸盖在画面上，用手压平。

4．把作品放入书中夹好，阴干后写上作品名称和作者。

本课要点

1．采集树叶

A．采集平整的叶子，种类要多，颜色要丰富。

B．及时放到书中压制。

C．注意保护花草树木，尤其保护濒危物种。

2. 压制

选择吸水性强的书压制叶片，一周左右较好用，如果急用则可用熨斗低温熨干。

3. 上纸构图

先摆一摆，不急于粘，不满意的可反复修改。

4. 固定

A. 构图设计好后，再用乳胶粘。

B. 用牙签蘸白乳胶，叶片背面中间粘一点，再粘周围，不用粘很多。

5. 贴标签

标签内容：学校、班级、姓名、作品名称。

创意链接

柴可夫斯基简介

彼得·伊里奇·柴可夫斯基（又译为柴科夫斯基，1840—1893年），19世纪伟大的俄罗斯作曲家、音乐教育家，被誉为伟大的俄罗斯音乐大师。他的音乐是俄罗斯文化在艺术领域内的最高成就之一，其风格直接和间接地影响了后人，主要音乐作品有六部交响曲、三部钢琴协奏曲、小提琴协奏曲、幻想序曲《罗密欧与朱丽叶》、音乐会序曲《1812》，还有歌剧《叶甫根尼·奥涅金》、《黑桃皇后》，以及芭蕾舞剧《天鹅湖》、《胡桃夹子》、《睡美人》等。

2 火花四溅

创意初现

画千里于咫尺，写万趣于指下。叶画可以表现各种不同意境。“红杏枝头春意闹”是春的绚烂；“小荷才露尖尖角”是夏的清新；“霜叶红于二月花”是秋的繁华；“窗含西岭千秋雪”是冬的宁静。

神奇的大自然是人们艺术创造的源泉。怎样把心中的诗意用叶画表现出来呢？

欣赏与点评

爸爸对我说

请写出爸爸的话：

请你给上面的作品再起一个名字，并写上几句话：

霜叶如花

请写出联想到的诗词名句（也可以自己创作）：

亭亭静植

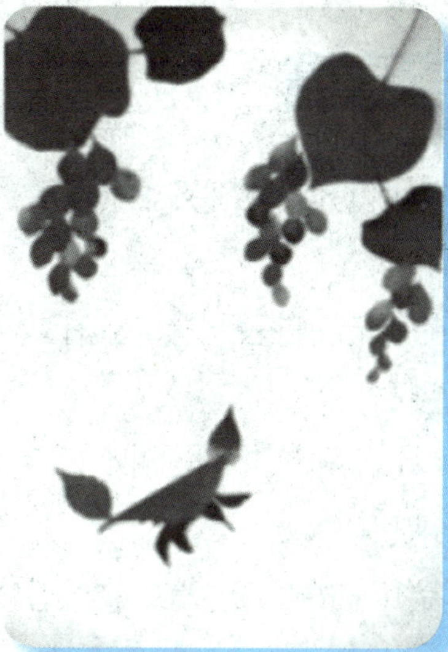

狐狸与葡萄

我来做做看

唐诗宋词、童话故事、预言传说、文化典故、重大时事、生活小景都可以作为叶画的题材。叶子也是千姿百态、五颜六色的，叶叶不相同，片片有变化。用你的巧手加上奇思妙想，创造美丽的叶画吧！

作品照片或彩印图片：

锦囊袋

叶画作品的保存方法

1. 镜框

把作品镶嵌在镜框里，放在桌上或挂在墙上。

2. 塑封

塑封可以保持作品长期不变色。

3. 彩喷

把作品用扫描仪放大，彩喷出来，不变色。

创意链接

狐狸与葡萄

有一天，狐狸饿了，到处找吃的。它来到一棵葡萄架下，看到满架的葡萄又大又圆，鲜艳欲滴，馋得口水都流下来了。可葡萄架那么高，它上蹿下跳，怎么也够不着葡萄，怎样才能吃到葡萄呢？

请把你的创意写出来或画出来吧！

第二单元

纸画工艺

平凡如纸，遇到了你，

就是一种华丽的邂逅……

1 学做纸画

创意初现

“我从山中来，带着兰花草。种在小院中，希望花开早。一日看三回，看得花时过，兰花却依然，苞也无一个”。梅、兰、竹、菊是花中四君子，兰花的幽雅、清丽是高洁的象征，深得文人雅士的喜爱。但种花不开不免遗憾。让我们用身边最常见的废纸做一帧幽兰，摆在案头伴你读书吧！

创意总动员

1. 纸画制作的步骤和方法是什么？
2. 应该收集什么样的纸片呢？
3. 怎样设计出巧妙的构图呢？
4. 应该怎样粘贴纸片呢？
5. 怎样使作品更平整呢？

创作连连看

1. 设计好图案。
2. 动手做纸画。

合作者	分工做

经过精心设计及辛苦制作之后，我们的纸画终于制作成功了！
请同学们看看下面的记录，来评价自己的作品吧！

我的纸画记录			
用纸颜色是否超过三种？	好	较好	一般
纸片粘贴是否完好平整？	好	较好	一般
画面是否整洁？	好	较好	一般
构图是否有创意？	好	较好	一般
作品是否有美感？	好	较好	一般

锦囊袋

要准备的材料：

白纸板

各种旧书、杂志的彩纸片

需要的工具：

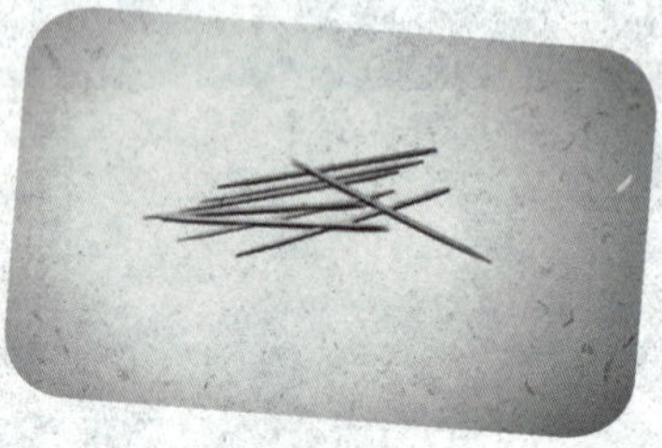

牙签

乳胶

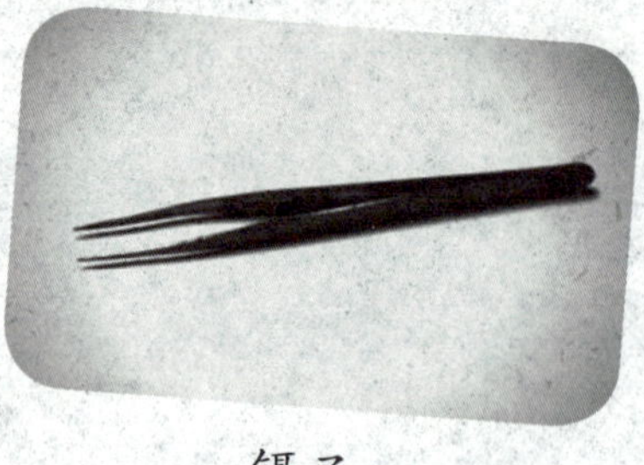

镊子

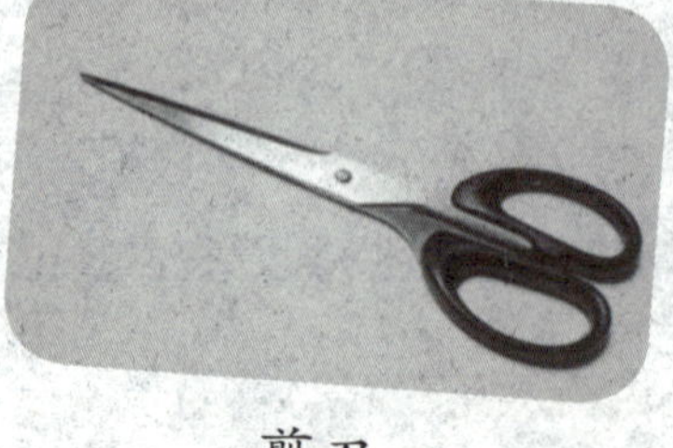

剪刀

纸画的制作过程：

1．把纸撕成需要的形状，在台纸上摆一摆进行构图。

2．在纸的背面抹一层薄薄的乳胶，一片一片地粘贴。

3．每粘好一部分，用纸盖在画面上，用手压平。

4．把作品放入书中夹好，阴干后写作品名称和作者。

本课要点

1. 准备彩纸

A. 收集干净的旧书报彩纸，颜色要丰富，不能太厚。

B. 注意爱护图书，不能撕取有用书籍的彩页。

2. 上纸构图

A. 先想好要做什么，抓住形象的典型特征，省略烦琐的细节。

B. 撕好后摆一摆，不急于粘贴，不满意的形状或颜色反复修改。

3. 固定

A. 构图设计好后，再用乳胶粘贴。

B. 用牙签蘸白乳胶，叶片背面中间粘一点，再粘周围，不用粘很多。

4. 贴标签

标签内容：学校、班级、姓名、作品名称。

2 火花四溅

创意初现

春有百花夏有月，秋有繁枝冬有雪。神奇的大自然是人们艺术创造的源泉。简单的纸能做出我们心中的美丽。

欣赏与点评

风荷

请写出与荷花有关的诗：

____

____

____

____

你最喜欢的花是什么？写写你喜欢的花吧！写几句话或几行诗都行：

____

____

____

哥俩好

你觉得小鱼对它的朋友说了什么？写下来吧！

迎风

春暖

创作连连看

唐诗宋词、童话故事、预言传说、文化典故、重大时事、生活小景都可以作为纸画的题材。纸片五颜六色，想象缤纷绚丽。用你的巧手加上奇思妙想创造美丽的纸画吧！

作品照片或彩印图片：

锦囊袋

纸画作品的保存方法

1. 镜框

作品镶嵌在镜框里，放在桌上或挂在墙上。

2. 塑封

塑封可以保持作品长期不变色。

3. 彩喷

把作品用扫描仪放大，彩喷出来，不变色。

创意链接

关于纸

上网查找关于纸的有关知识，并做好简要记录。

第三单元

活性炭布艺

那时，我是林中的一片绿，

此时，我是囊中的一粒炭，

彼岸今生，我用环保完美人们的生活。

1 学做活性炭布辣椒

创意初现

“慈母手中线，游子身上衣。临行密密缝，意恐迟迟归”。最平凡的一针一线，最深切的浓情厚意。让我们也拿起针线吧，用普通的布头儿加上环保的活性炭，做成各种小饰品，或挂在爸爸的车上，或放在妈妈的床前，或摆在老师的案头，或摇摆在朋友的书包上——变成一种情谊，陪伴你的成长！

创意总动员

1. 活性炭布辣椒制作的步骤和方法是什么？
2. 应该用什么样的布头呢？什么样的活性炭合适呢？
3. 怎样裁剪出合适的布的形状呢？
4. 怎样缝制美观又能把活性炭装进去呢？
5. 怎样连成一串呢？

创作连连看

1. 剪出合适的布料。
2. 动手缝制。

合作者	分工做

经过精心设计及辛苦制作之后，活性炭布辣椒终于制作成功了！

请同学们看看下面的记录，来评价自己的作品吧！

我的活性炭布辣椒记录			
剪裁是否合适？	好	较好	一般
缝制是否平整？	好	较好	一般
辣椒形状如何？	好	较好	一般
用了几种颜色？	两种	三种	四种
作品是否有美感？	好	较好	一般

锦囊袋

要准备的材料：

各色布头

活性炭

需要的工具：

针、线

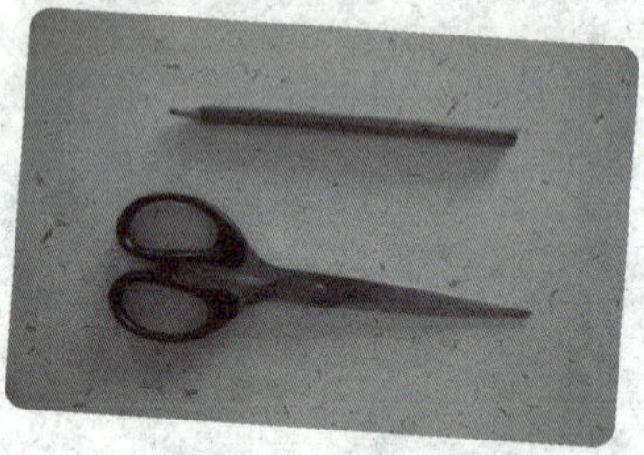

剪刀、笔

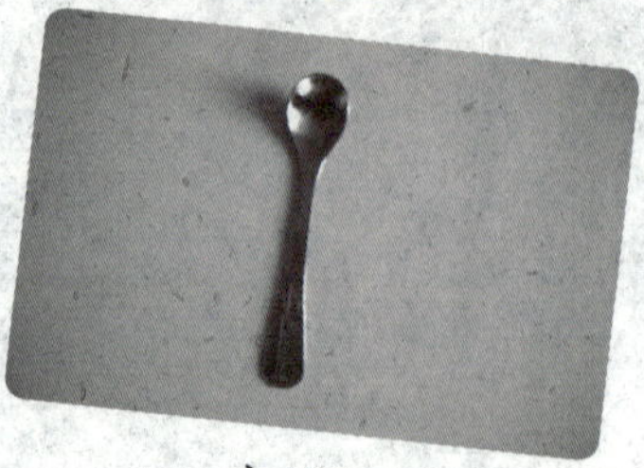

小勺

活性炭布辣椒的制作过程：

1. 把布头剪成需要的形状。

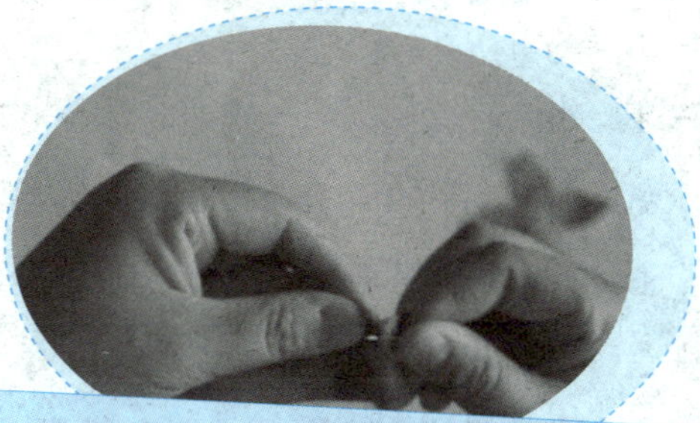

2. 在布的反面缝合，注意留口。

3. 翻过布面，用笔顶出头部。

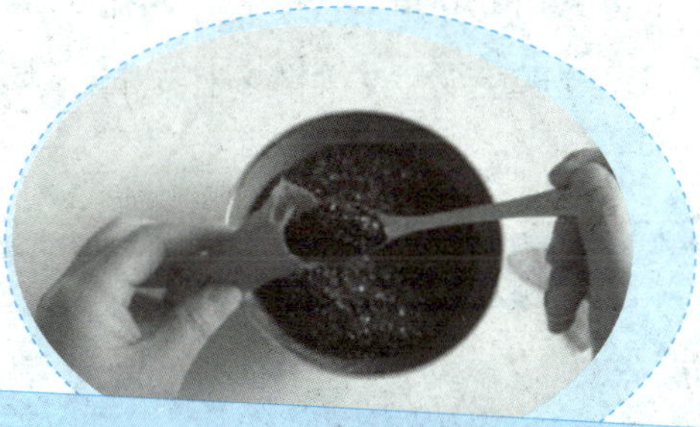

4. 装上活性炭。

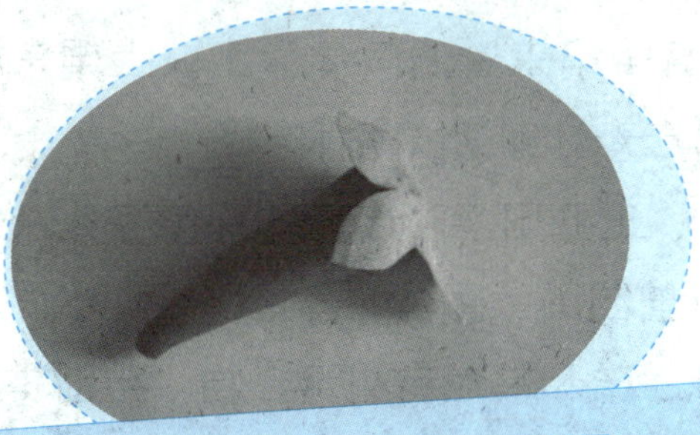

5. 缝合开口处，并缝上叶子。

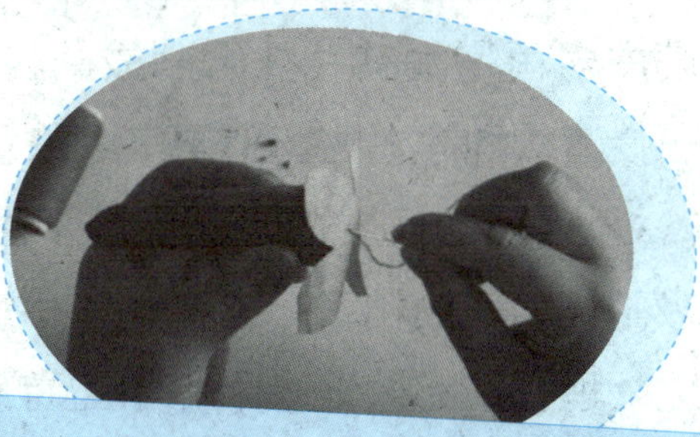

6. 作品完成。

思维扩散

按照同样的方法，多做几个不同色彩的布辣椒，把它们缝在一根彩绳上，一串五彩活性炭辣椒就做成了。挂在屋中，环保又漂亮，一定会点亮大家的双眼！

本课要点

1. 准备布头

A. 收集干净的布头，颜色要丰富，棉布最好。

B. 注意爱护衣物及床品，不能剪取有用衣物或用品上的布料。

2. 准备活性炭

市场购买或网购，竹炭或活性炭均可。

3. 缝制

A. 反面缝合，针脚应细密，针脚太大的可以缝两次。

B. 注意安全，针线用完后应该放在固定位置。

创意链接

关于活性炭

1. 活性炭吸附能力很强的炭，是把硬木、果壳、骨头等放在密闭的容器中烧成炭再增加其孔隙后制成的。防毒面具中用来过滤气体，工业上用来脱色、使溶液纯净，医药上用来吸收胃肠中的毒素、细菌或气体。

2. 果壳活性炭被广泛应用于生活用水、工业用水和废水的深度净化及气相吸附，如石油化工、电厂、食品饮料、制糖制酒、医药、养鱼等行业水质的净化处理，能有效地吸附水中的游离氯、酚、硫和其他有机污染物，特别是致突变物的前驱物质，达到过滤除杂去异味的目的。还可用于车间尾气净化、溶剂过滤、脱色、提纯等，气体脱硫、石油催化重整，气体分离、变压吸附、空气干燥、食品保鲜、防毒面具、解媒载体，有机溶剂回收，贵重金属提炼，化学工业中的催化剂及催化剂载体等功能。

3. 净化空气用的活性炭的微孔直径必须略大于有毒有害气体分子直径，才具备对有毒有害气体的吸附能力。一般家庭中，有害气体的质量远远小于活性炭的吸附量。因此，只要每隔三个月将活性炭放置在太阳下暴晒，活性炭就可以一直使用。

2 火花四溅

欣赏与点评

圣诞快乐

请写出与圣诞有关的人物、事件、歌曲等：

害羞的阿狸

请画另一种表情的阿狸：

春碗

睡驴

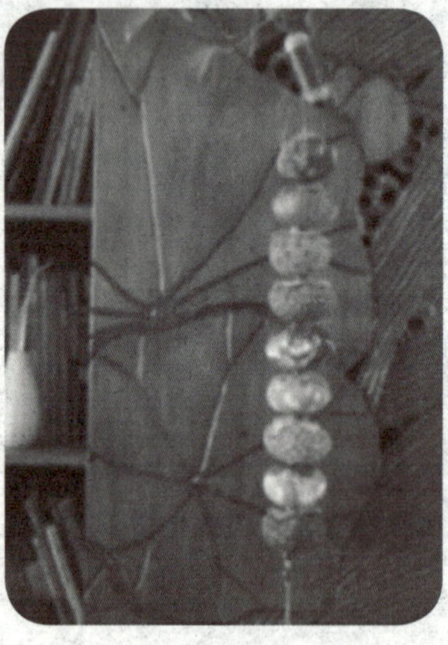

串串吉祥

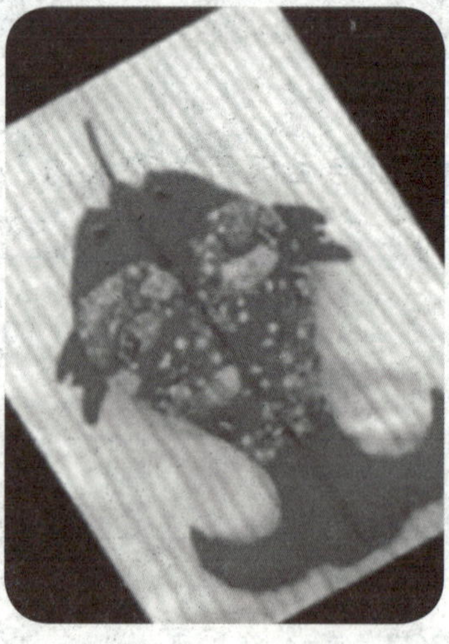

相爱的鱼

我来做做看

布头是我们生活中最常见的材料，只要用心，就会化腐朽为神奇。快快动手，体验成功的乐趣吧！

作品照片或彩印图片：

锦囊袋

活性炭的使用方法：

1. 适用于家居、汽车、鞋柜、家具等，建议每平方米用量50克。
2. 使用三个月暴晒后可重复使用。

第四单元

毛线编织

织出厚度，编出情谊，
一针一线都洋溢着温暖的气息。

1 学织围巾

创意初现

北风吹，雪花飘，这个寒冬格外冷。看着妈妈每天早早出门走在寒风中，真心疼啊！给妈妈织条围巾吧！我就是挂在她脖子上的温暖！

创意总动员

1. 毛线怎样才能成为围巾呢？
2. 应该用什么样的毛线？用什么样的编织针？
3. 怎样起头呢？怎样编织呢？怎样收尾呢？

创作连连看

1. 起头。
2. 动手编织。

合作者	分工做

经过精心设计及辛苦地编织之后，围巾终于制作成功了！
请同学们看看下面的记录，来评价自己的作品吧！

我的围巾编织记录			
宽度是否合适？	好	较好	一般
编织是否平整？	好	较好	一般
有几次脱线？是怎么处理的？	第一次	第二次	第三次
用了多长时间？	一周	两周	三周
作品是否有美感？	好	较好	一般

续表

锦囊袋

要准备的材料和工具：

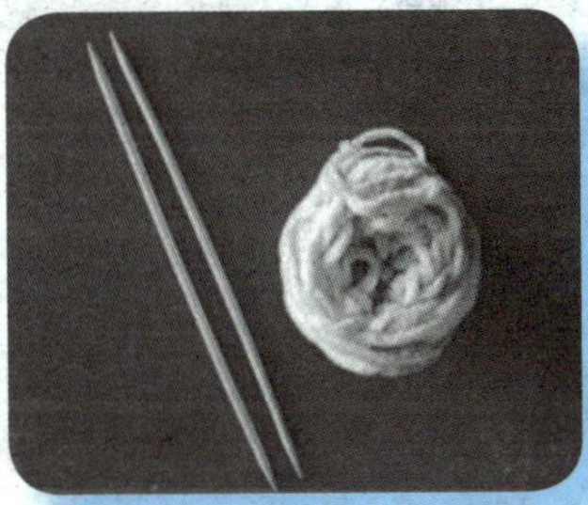

毛线和棒针

围巾的编织过程：

1. 起头。

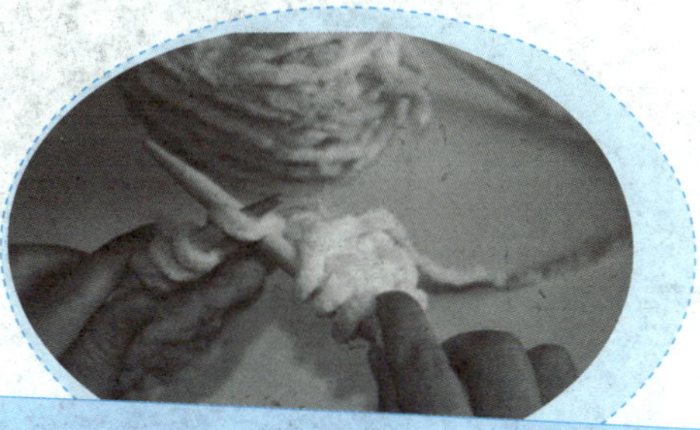

2. 编织。

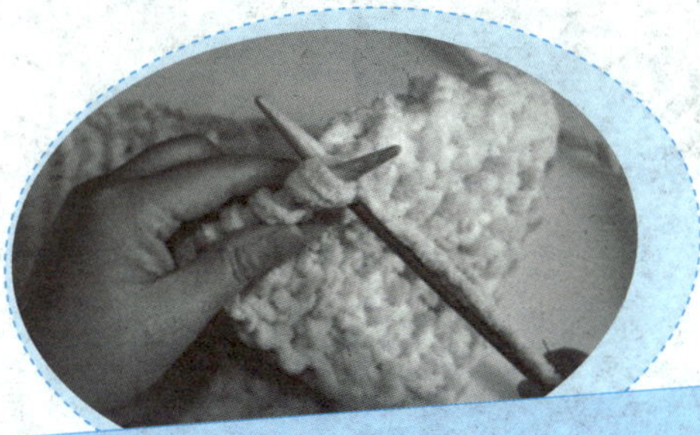

3. 锁边。

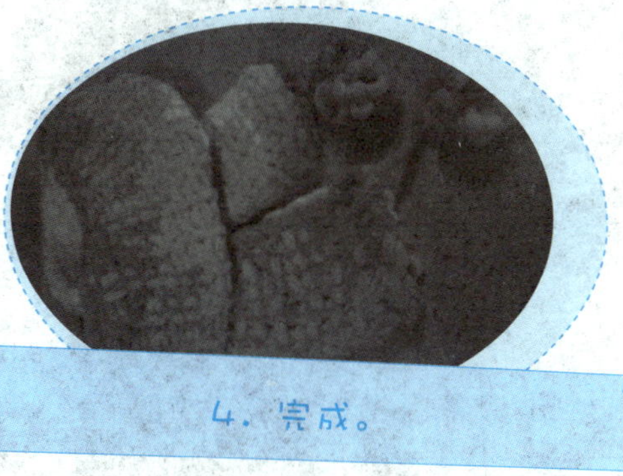

4. 完成。

2 火花四溅

欣赏与点评

草莓

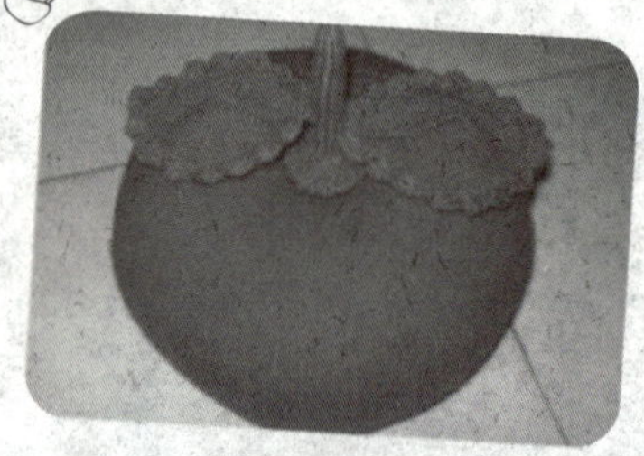

西红柿

南瓜

手套

帽子

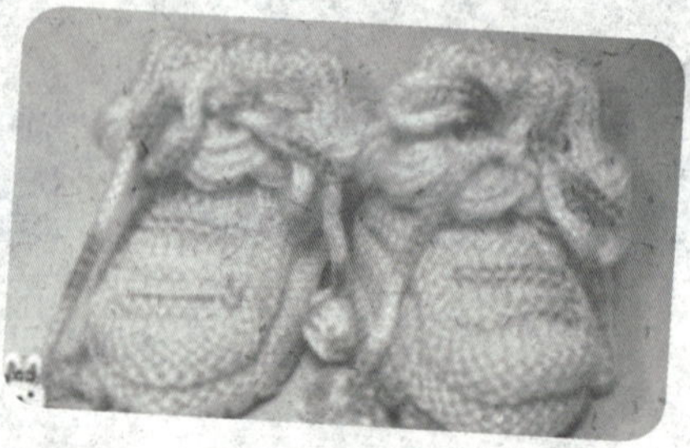

童鞋

我来做做看

生活是我们创作的源泉。生活用品、水果蔬菜、飞禽走兽、花鸟鱼虫等，都可以用你的慧心加巧手创作出来，行动吧！

第五单元

窗花工艺

用大红的口号，

传递着喜庆的消息……

1 学刻窗花

创意初现

春节是中国最隆重的传统节日，春节有许多传统习俗，贴窗花就是其中之一。在皑皑白雪的映衬下，红红的窗花分外美丽。这扇窗贴个鸳鸯戏水，祝刚结婚的小两口恩恩爱爱；那扇窗贴个金猪献宝，祝小朋友快快乐乐；客厅的窗上再来个龙凤呈祥，祝全家和谐愉快、幸福美满……

创意总动员

1. 刻窗花的步骤和方法是什么？
2. 应该用什么工具来刻呢？
3. 怎样设计一幅美丽的图案？
4. 这些优美的线条似断还连，是怎样做到的？
5. 怎样保存这些窗花呢？

创作连连看

1. 在纸上画出图案（可以复印）。
2. 用刻刀沿线雕刻。

合作者	分工做

经过精心设计及辛苦地雕刻之后，窗花终于刻制成功了！
请同学们看看下面的记录，来评价自己的作品吧！

我的窗花记录			
图案是否完整？	好	较好	一般
线条是否流畅？	好	较好	一般
纸的色彩是否满意？	好	较好	一般
作品是否有美感？	好	较好	一般
创作过程愉快吗？	好	较好	一般

锦囊袋

要准备的材料和工具：

刻刀、垫板、彩纸

窗花的刻制过程：

1. 把图案打印在白纸上。

2. 在图案下加红纸一起在垫板上刻（可多加几张纸）。

3. 完成的作品。

本课要点

窗花作品的保存方法

1. 镜框

把作品镶嵌在镜框里，放在桌上或挂着墙上。

2. 塑封

塑封可以保持作品长期不变色。

3. 彩喷

把作品用扫描仪放大，彩喷出来，永不变色。

2 火花四溅

欣赏与点评

春天里

以上画面让你想到什么？写几句吧！

给下面的作品起个名字吧！

______________ ______________ ______________

我来做做看

传统窗花多以十二生肖、传统故事中的人物为题材，随着生活的丰富多彩，同学们可以设计更新颖的窗花图案。奥运主题、航空航天等人们很少涉及的内容一定会令人耳目一新，期待你的创作！

作品照片或彩印图片：

创意链接

关于窗花

1. 中国的剪纸起源于汉朝，至南北朝时期已相当精巧。然而，真正繁盛却是在清朝中期以后。古老的剪纸多在乡间，以剪刀剪制为主，趣味浑朴天然，都是出自农家妇女之手；剪纸进入城市后，剪纸艺人为了省工，一刀多张，便改为刻刀雕刻为主，风格转向精巧，艺人也就不止于妇女了。

2. 剪纸是具有独特艺术风格的民间艺术，它用手工刻制，再点染以明快鲜丽的色彩而成。劳动人民把它作为年节的装饰，贴在纸窗上，所以又叫作“窗花”。

3. 传统的窗花所表现的内容主要有戏曲人物、翎花花卉、草虫鱼兽，以及一些吉祥谐音的物象，洋溢着欢快、健康和热爱生活的情感，深为群众喜闻乐见。

第六单元

蛋壳画工艺

蛋壳，是一枚朴素的时间胶囊，

诉说着大自然的悠远与沧桑。

1 学做蛋壳画

创意初现

浓浓的母爱穿越千年，带着历史的沉淀，向我们走来。总觉得蛋壳画有厚重的时间感，化石般地向人们诉说着如歌的岁月。千百年后，我还要做你的儿子，永远享受你的温暖！

创意总动员

1. 蛋壳画制作的步骤和方法是什么？
2. 应该收集什么样的蛋壳呢？
3. 怎样设计出巧妙的构图呢？
4. 应该怎样粘贴蛋壳呢？
5. 怎样使作品更平整呢？

创作连连看

1. 设计好图案。
2. 动手做蛋壳画。

合作者	分工做

经过精心设计及辛苦地制作之后，我们的蛋壳画终于制作成功了！请同学们看看下面的记录，来评价自己的作品吧！

我的蛋壳画记录			
蛋壳色彩搭配如何？	好	较好	一般
蛋壳粘贴是否完好平整？	好	较好	一般
画面是否整洁？	好	较好	一般
构图是否有创意？	好	较好	一般
作品是否有美感？	好	较好	一般

锦囊袋

要准备的材料：

纸板

蛋壳

需要的工具：

乳胶、牙签

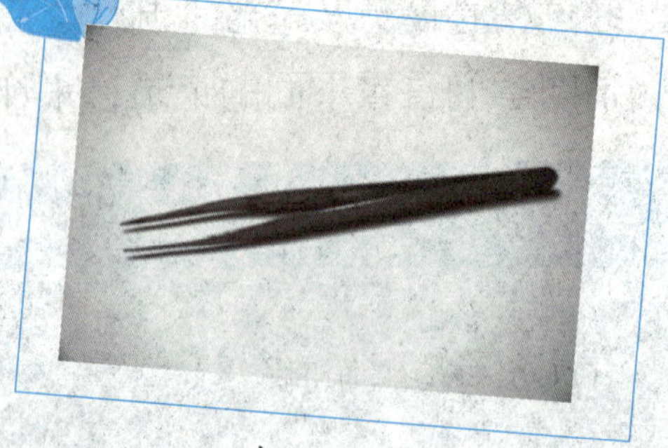

镊子

蛋壳画的制作过程：

1. 在纸板上画出喜欢的图案。

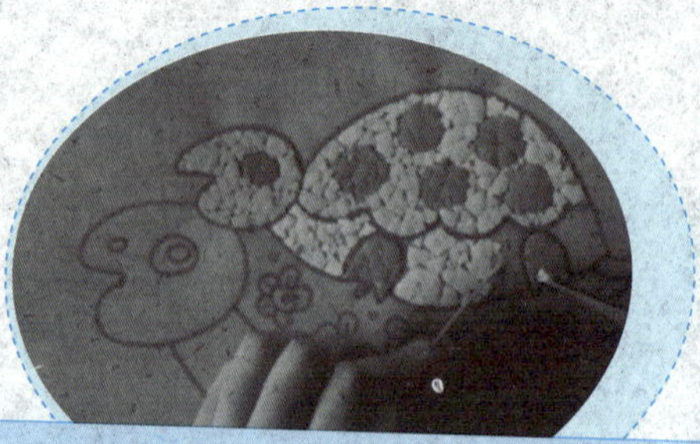

2. 在纸上抹一层薄薄的乳胶，粘上蛋壳。

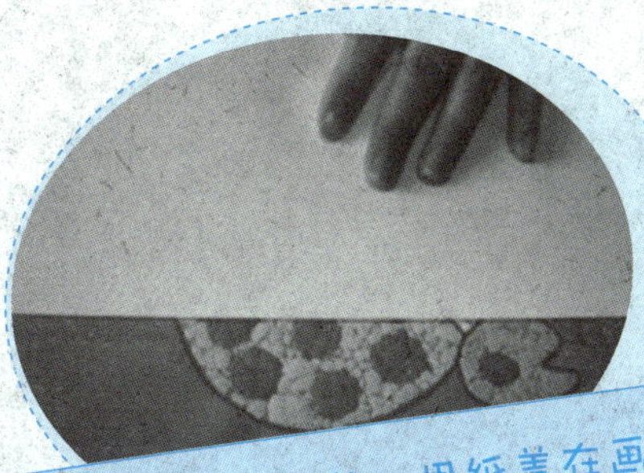

3. 每粘好一部分，用纸盖在画面上，用手压平。

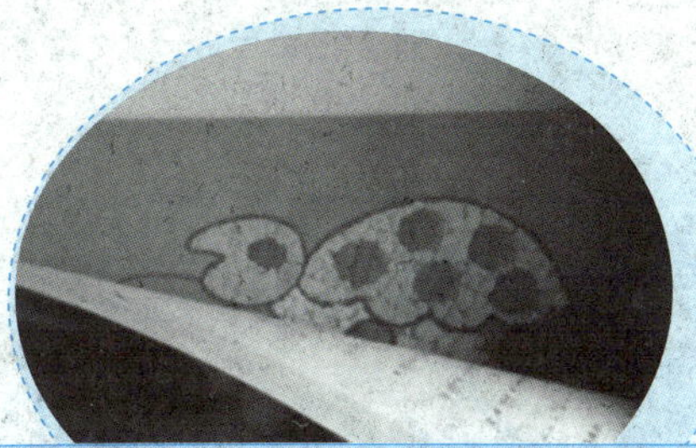

4. 粘好的作品夹入书中，书上放重物压平，阴干后写作品名称与作者。

本课要点

1. 准备蛋壳

A. 蛋壳用水洗干净，控干备用。

B. 收集多种颜色的蛋壳。

2. 上纸构图

A. 先想好要做什么，抓住形象的典型特征，省略烦琐的细节。

B. 简单线条组成的形象比较适合粘贴蛋壳画，如各种卡通形象。

3. 粘贴

A. 用牙签蘸白乳胶，均匀地抹在纸板上，蛋壳摁在乳胶上，没粘住的蛋壳再个别粘贴。

B. 每粘一片，用白纸压平。粘好后放入书中夹好，大约两天就能完全阴干压平。

2 火花四溅

欣赏与点评

故乡

请写出与故乡有关的诗句：

家园

你觉得鸟儿对少妇说了什么？写下来吧！

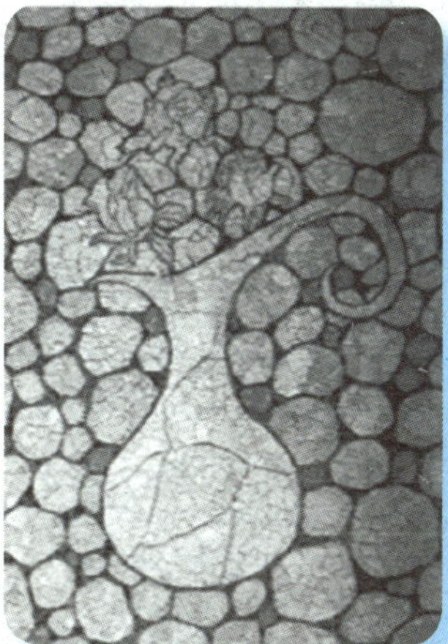

岁月之瓶

月夜荷香

给作品起个名字吧！

锦囊袋

蛋壳画作品的保存方法

1. 镜框

把作品镶嵌在镜框里，放在桌上或挂着墙上。

2. 塑封

塑封可以保持作品长期不变色。

3. 彩喷

把作品用扫描仪放大，彩喷出来，不变色。

我来做做看

色彩简单的蛋壳，做出意境悠远的画，化简单为神奇，快快行动吧！

作品照片或彩印：

第七单元

丝网花工艺

你若盛开，清风自来。

1 学做丝网花——洋百合

创意初现

在花店里，我初次看见了美丽的丝网花。雍容的牡丹，含笑的玫瑰，俏丽的百合……我有了采撷的冲动和制作的愿望。

创意总动员

1. 应该准备什么样的工具和材料呢？
2. 丝网花——洋百合制作的步骤和方法是什么？
3. 怎样做出心中最美的花？

创作连连看

1. 设计好图案。
2. 动手做洋百合。

合作者	分工做

经过精心设计及辛苦地制作之后，我们的丝网花终于制作成功了！请同学们看看下面的记录，来评价自己的作品吧！

我的丝网花制作记录			
套圈大小是否合适	好	较好	一般
花瓣是否绷得松紧适度？	好	较好	一般
花瓣捆扎得是否结实？	好	较好	一般
花朵形状是否生动？	好	较好	一般

锦囊袋

要准备的材料：

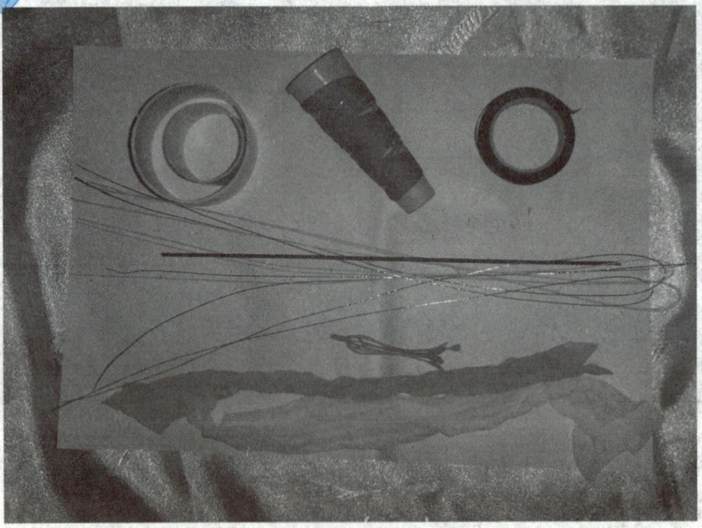

QQ线、褐色花杆、胶带、百合花蕊、粉色和白色丝网袜、22＃和24＃铁丝、8#和6＃套筒

需要的工具：

剪刀

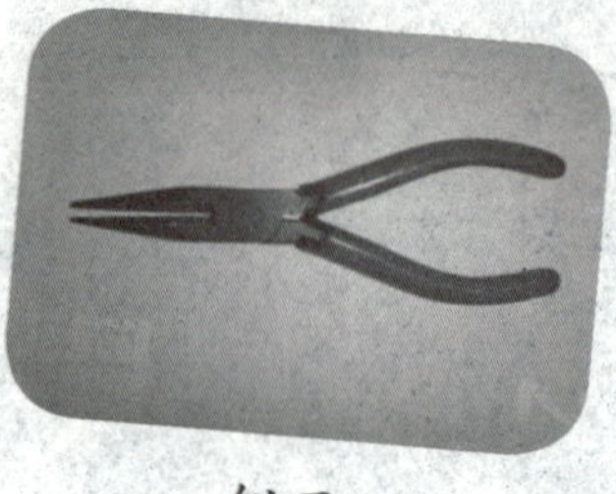

钳子

筷子

丝网花的制作过程：

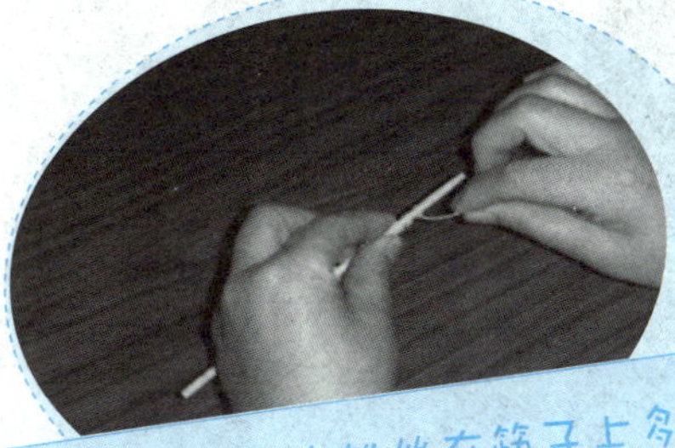

1．把22#白色铁丝在筷子上多次绕圈，之后拉长。

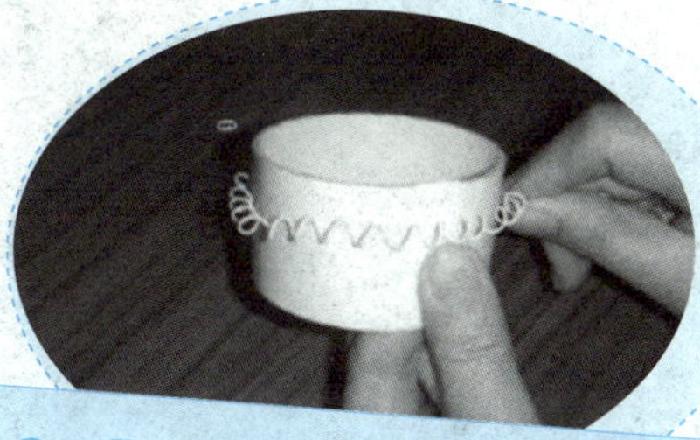

2．再在8#套筒上绕一个圈拧紧。

3．用24#铁丝在6#套筒上绕圈，拧紧，做5个。

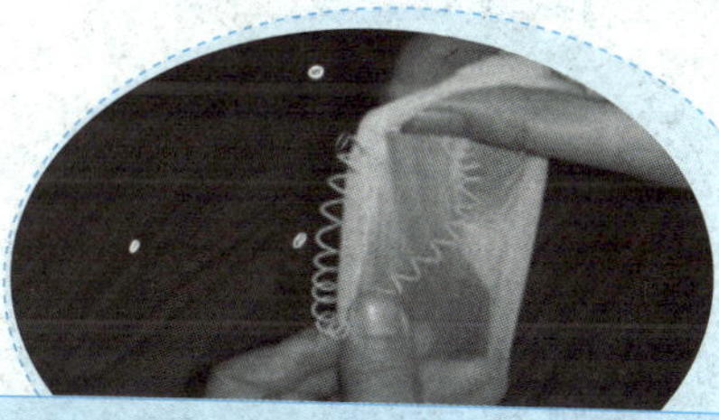

4．用白色丝网袜套在白色曲线圈上，蒙好绷紧。

5．用粉色丝网袜分别套在5个小圈上。

6．在花杆上插好花蕊。

7．将白色花瓣与插好花蕊的花杆扎紧。

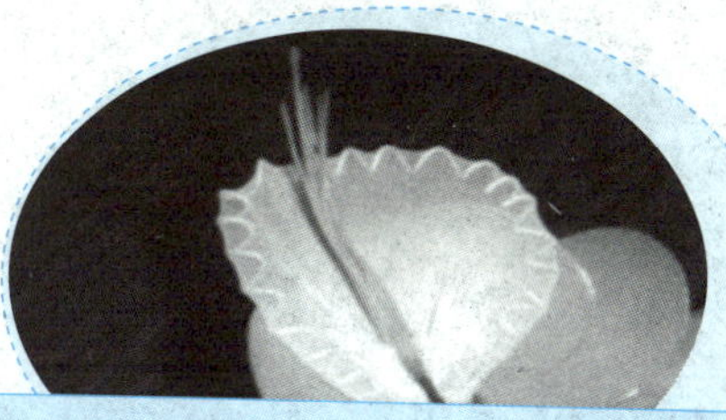

8．把5片粉色花瓣在花蕊四周依次扎紧。

9. 为花朵整理形状。

本课要点

1. 备齐材料

A. 制作花瓣时，网面要抻平，绷紧。

B. 组装成花时，每片要依次压好。

2. 先用QQ线把白色花瓣与绿色花蕊同时固定在褐色花杆上，绑紧。

3. 每片粉色花瓣都要分别依次系紧，压好。

4. 绕系五片花瓣时的线，都要保持在同一位置上。

5. 想象真花的样子，整理花形。

2 火花四溅

创意初现

我爱“国色天香”的牡丹；也爱“晓艳最便清露，晚红偏怯斜阳”的木芙蓉；我爱“疏影横斜水清浅，暗香浮动月黄昏”的梅花；更爱“玉是精神难比洁，雪为肌骨易销魂”的海棠……花给人不仅带来美的感受，还能激发人对高尚精神的追求。做一朵永不凋谢的花，摆放在家中，该是多美的事啊！

欣赏与点评

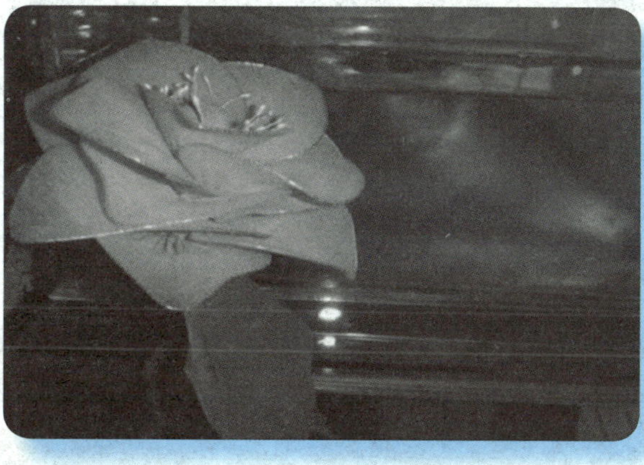

荷花与小鱼

请写出荷花对小鱼说的话：

请你给上面作品另起一个名字吧！

芙蓉花

请写出由以上画面联想到的诗词名句（也可自己创作）：

我来做做看

作品照片或彩印图片：

锦囊袋

丝网花的摆放方法

1. 插入花盆。
2. 用彩带系成花束做礼物。

第八单元

烙画工艺

绚烂之极归于平淡，

深深浅浅总是自然。

1 学做烙画

创意初现

繁华绚烂是一种美，朴素无华是另一种美。美的更高境界是朴素，正所谓“绚烂之极归于平淡”，孔子说的“后事绘素”也是这个道理。烙画就是臻于朴素美境界的一种工艺，简单的木板，深深浅浅的炭痕，或山水，或花鸟，与中国水墨画有异曲同工之妙。

创意总动员

1. 用什么工具和材料烙画呢？
2. 烙画制作的步骤和方法是什么？
3. 怎样设计出巧妙的构图呢？
4. 那些或深或浅的烙印是怎样做到的？

创作连连看

1. 设计好图案。

2. 动手做烙画。

合作者	分工做

经过精心设计及辛苦地制作之后，烙画作品终于制作成功了！
请同学们看看下面的记录，来评价自己的作品吧！

我的烙画记录			
线条是否流畅?	好	较好	一般
画面是否有深有浅?	好	较好	一般
画面是否整洁?	好	较好	一般
构图是否有创意?	好	较好	一般
画面是否有美感?	好	较好	一般

锦囊袋

要准备的材料：

各种木板

需要的工具：

电烙笔

烙画的制作过程：

1. 铅笔在木板上画出图案。

2. 用加热的电烙笔烙画。

本课要点

1. 电烙笔的温度

A. 选用可调温的电烙笔，可先在废板上试试颜色，颜色越深说明温度越高。

B. 根据所画内容调节深浅，可参照水墨画的浓淡。

2. 构图

根据自己的喜好，或卡通，或水墨，或工笔。绘画的构图原则同样适用于烙画。

创意链接

关于烙画

烙画又称烫画、火笔画，即用火烧热烙铁在物体上熨出烙痕作画。烙画创作在把握火候、力度的同时，注重“意在笔先、落笔成形”。烙画不仅有中国画的勾、勒、点、染、擦、白描等手法，还可以烫出丰富的层次与色调，具有较强的立体感，酷似棕色素描和石版画，因此烙画既能保持中国传统绘画的民族风格，又可达到西洋画严谨的写实效果。使其有独特的艺术魅力，因而给人以古朴典雅、回味无穷的艺术享受。

烙画是中国古代一种极其珍贵的稀有画种。据史料记载，烙画源于西汉、盛于东汉，后由于连年灾荒战乱，曾一度失传，直到清朝光绪三年，才被河南南阳的一名叫“赵星”的民间艺人重新发现整理，后经辗转相传，逐渐形成以河南、河北等地为代表的几大派系。烙画用一种特制的铁笔，在有肌理的木质材料上烙绘，色彩呈深、浅褐色乃至黑色，有一定的浮雕效果。

传统烙画的材质主要是木质材料，如木板、树皮、葫芦、扇骨、梳篦、木制家具等。现代大胆采用宣纸、丝绢等材质，从而丰富了烙画这一门艺术形式。河南、广东、浙江、江苏和安徽等地都有生产。

2 火花四溅

欣赏与点评

鹰击长空

请写几句相关的诗句：

宝钗扑蝶

你还知道《红楼梦》中的哪些典型人物的典型情节，请写出：

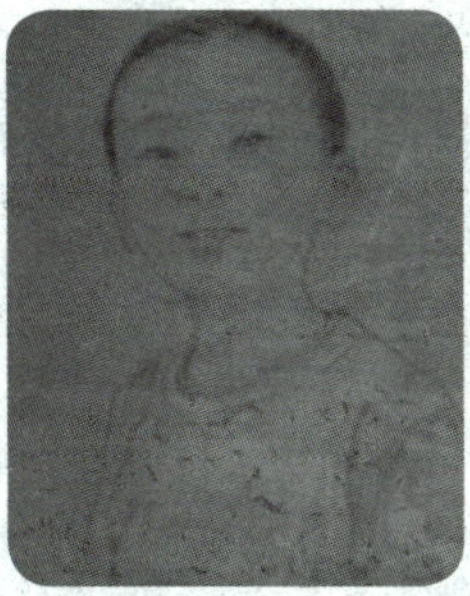

我的同学

幽静的小巷

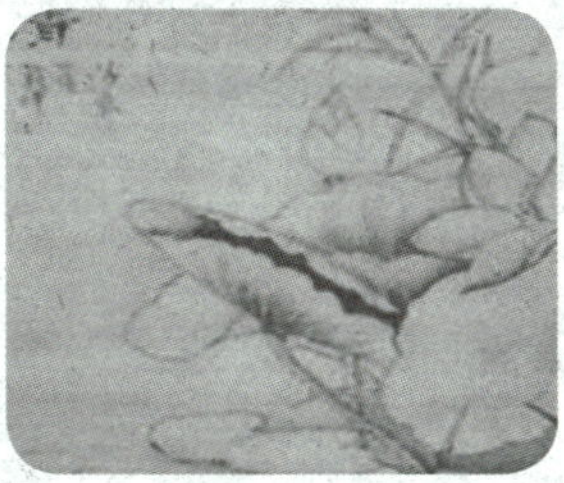

清幽

竹韵

锦囊袋

烙画作品的保存方法——镜框。

把作品镶嵌在镜框里，放在桌上或挂在墙上。

我来做做看

“熟读唐诗三百首，不会作诗也能吟”，作画也如此，熟看名画三百幅，不会作画也会作。看技法、看笔墨、看布局、看意韵，仔细看、逐笔看，看得多了，胸中自然就有了，储存得多了，创作时才会笔意畅达。来，小试一下吧！

作品照片或彩印图片：

创意链接

大师谈画

西洋画是科学的，中国画是哲学的、文学的。所以中国画是抽象的、象征的。

——傅抱石

中国画，长于大胆剪裁，有时剪裁到“零”。中国画讲究空白，“计白当黑”，这不是表现力的消弱，而是画出最精华之处，使画面最主要部分更突出。

——李可染

写意两个字，以我看来，写是用笔，意是造境。不是狂涂乱抹的，也不是文人遣兴。

——张大千

精确的反面是歪曲，坚实的反面是敝弱，简约的反面是繁琐，三者都是绘画的大敌。

——徐悲鸿

中国画以纸面为大自然之宇宙，画处空处，不必用色，即可代表宇宙一切景物。

——刘海粟

艺术乃真、善、美之物。第一是真诚，天真，不虚伪造作。再一步则是美，美得可以教人以善，即为尽善尽美了。

——李苦禅